Welcome Baby

Guests

NAME AND RELATIONSHIP TO PARENTS

_____

_____

ADVICE FOR PARENTS

_____

_____

_____

WISHES FOR BABY

_____

_____

_____

Baby Predictions

DATE OF BIRTH: _____

RESEMBLANCES

TIME OF BIRTH: _____

MOM   DAD

WEIGHT: _____   HEIGHT: _____

NAME: _____

I HOPE THE BABY GETS:

MOM'S: DAD'S:

_____   _____

_____   _____

_____   _____

Guests

NAME AND RELATIONSHIP TO PARENTS

_____

_____

ADVICE FOR PARENTS

_____

_____

_____

WISHES FOR BABY

_____

_____

_____

Baby Predictions

DATE OF BIRTH: _____

TIME OF BIRTH: _____

WEIGHT: _____

NAME: _____

RESEMBLANCES

MOM ⭐   DAD ⭐

HEIGHT: _____

I HOPE THE BABY GETS:

MOM'S:

_____

_____

_____

DAD'S:

_____

_____

_____

Guests

NAME AND RELATIONSHIP TO PARENTS

_____

_____

ADVICE FOR PARENTS

_____

_____

_____

WISHES FOR BABY

_____

_____

_____

Baby Predictions

DATE OF BIRTH:_____

RESEMBLANCES

TIME OF BIRTH: _____

MOM   DAD

WEIGHT: _____   HEIGHT:_____

NAME:_____

I HOPE THE BABY GETS:

MOM'S: DAD'S:

_____   _____

_____   _____

_____   _____

Guests

NAME AND RELATIONSHIP TO PARENTS

_____

_____

ADVICE FOR PARENTS

_____

_____

_____

WISHES FOR BABY

_____

_____

_____

Baby Predictions

DATE OF BIRTH: _____

RESEMBLANCES

TIME OF BIRTH: _____

MOM ⭐   DAD ⭐

WEIGHT: _____   HEIGHT: _____

NAME: _____

I HOPE THE BABY GETS:

MOM'S:

_____

_____

_____

DAD'S:

_____

_____

_____

Guests

NAME AND RELATIONSHIP TO PARENTS

_____

_____

ADVICE FOR PARENTS

_____

_____

_____

WISHES FOR BABY

_____

_____

_____

Baby Predictions

DATE OF BIRTH:_____

RESEMBLANCES

TIME OF BIRTH:_____

MOM ⭐   DAD ⭐

WEIGHT: _____   HEIGHT:_____

NAME: _____

I HOPE THE BABY GETS:

MOM'S: DAD'S:

_____   _____

_____   _____

_____   _____

Guests

NAME AND RELATIONSHIP TO PARENTS

_____

_____

ADVICE FOR PARENTS

_____

_____

_____

WISHES FOR BABY

_____

_____

_____

Baby Predictions

DATE OF BIRTH: _____

RESEMBLANCES

TIME OF BIRTH: _____

MOM ⭐   DAD ⭐

WEIGHT: _____   HEIGHT: _____

NAME: _____

I HOPE THE BABY GETS:

MOM'S:

_____

_____

_____

DAD'S:

_____

_____

_____

Guests

NAME AND RELATIONSHIP TO PARENTS

_____

_____

ADVICE FOR PARENTS

_____

_____

_____

WISHES FOR BABY

_____

_____

_____

Baby Predictions

DATE OF BIRTH: _____

RESEMBLANCES

TIME OF BIRTH: _____

MOM ⭐   DAD ⭐

WEIGHT: _____   HEIGHT: _____

NAME: _____

I HOPE THE BABY GETS:

MOM'S: DAD'S:

_____   _____

_____   _____

_____   _____

Guests

NAME AND RELATIONSHIP TO PARENTS

_____

_____

ADVICE FOR PARENTS

_____

_____

WISHES FOR BABY

_____

_____

Baby Predictions

DATE OF BIRTH: _____

RESEMBLANCES

TIME OF BIRTH: _____

MOM ⭐   DAD ⭐

WEIGHT: _____   HEIGHT: _____

NAME: _____

I HOPE THE BABY GETS:

MOM'S: DAD'S:

_____   _____

_____   _____

_____   _____

Guests

NAME AND RELATIONSHIP TO PARENTS

_____

_____

ADVICE FOR PARENTS

_____

_____

_____

WISHES FOR BABY

_____

_____

_____

Baby Predictions

DATE OF BIRTH: _____

RESEMBLANCES

MOM ⭐   DAD ⭐

TIME OF BIRTH: _____

WEIGHT: _____   HEIGHT: _____

NAME: _____

I HOPE THE BABY GETS:

MOM'S: DAD'S:

_____   _____

_____   _____

_____   _____

Guests

NAME AND RELATIONSHIP TO PARENTS

_____

_____

ADVICE FOR PARENTS

_____

_____

_____

WISHES FOR BABY

_____

_____

_____

Baby Predictions

DATE OF BIRTH: _____

RESEMBLANCES

TIME OF BIRTH: _____

MOM   DAD

WEIGHT: _____   HEIGHT: _____

NAME: _____

I HOPE THE BABY GETS:

MOM'S: DAD'S:

_____   _____

_____   _____

_____   _____

Guests

NAME AND RELATIONSHIP TO PARENTS

_____

_____

ADVICE FOR PARENTS

_____

_____

_____

WISHES FOR BABY

_____

_____

_____

Baby Predictions

DATE OF BIRTH: _____

RESEMBLANCES

TIME OF BIRTH: _____

MOM ⬠   DAD ⬠

WEIGHT: _____   HEIGHT: _____

NAME: _____

I HOPE THE BABY GETS:

MOM'S: DAD'S:

_____   _____

_____   _____

_____   _____

Guests

NAME AND RELATIONSHIP TO PARENTS

_____

_____

ADVICE FOR PARENTS

_____

_____

_____

WISHES FOR BABY

_____

_____

_____

Baby Predictions

DATE OF BIRTH: _____

TIME OF BIRTH: _____

RESEMBLANCES

MOM ⭐   DAD ⭐

WEIGHT: _____   HEIGHT: _____

NAME: _____

I HOPE THE BABY GETS:

MOM'S:

_____

_____

_____

DAD'S:

_____

_____

_____

Guests

NAME AND RELATIONSHIP TO PARENTS

_____

_____

ADVICE FOR PARENTS

_____

_____

_____

WISHES FOR BABY

_____

_____

_____

Baby Predictions

DATE OF BIRTH: _____

RESEMBLANCES

TIME OF BIRTH: _____

MOM   DAD

WEIGHT: _____

HEIGHT: _____

NAME: _____

I HOPE THE BABY GETS:

MOM'S:

DAD'S:

_____

_____

_____

_____

_____

_____

Guests

NAME AND RELATIONSHIP TO PARENTS

_____

_____

ADVICE FOR PARENTS

_____

_____

_____

WISHES FOR BABY

_____

_____

_____

Baby Predictions

DATE OF BIRTH: _____

RESEMBLANCES

TIME OF BIRTH: _____

MOM   DAD

WEIGHT: _____   HEIGHT: _____

NAME: _____

I HOPE THE BABY GETS:

MOM'S: DAD'S:

_____   _____

_____   _____

_____   _____

Guests

NAME AND RELATIONSHIP TO PARENTS

_____

_____

ADVICE FOR PARENTS

_____

_____

_____

WISHES FOR BABY

_____

_____

_____

Baby Predictions

DATE OF BIRTH: _____

RESEMBLANCES

TIME OF BIRTH: _____

MOM   DAD

WEIGHT: _____   HEIGHT: _____

NAME: _____

I HOPE THE BABY GETS:

MOM'S: DAD'S:

_____   _____

_____   _____

_____   _____

Guests

NAME AND RELATIONSHIP TO PARENTS

_____

_____

ADVICE FOR PARENTS

_____

_____

_____

WISHES FOR BABY

_____

_____

_____

Baby Predictions

DATE OF BIRTH: _____

RESEMBLANCES

TIME OF BIRTH: _____

MOM   DAD

WEIGHT: _____   HEIGHT: _____

NAME: _____

I HOPE THE BABY GETS:

MOM'S: DAD'S:

_____   _____

_____   _____

_____   _____

Guests

NAME AND RELATIONSHIP TO PARENTS

_____

_____

ADVICE FOR PARENTS

_____

_____

_____

WISHES FOR BABY

_____

_____

_____

Baby Predictions

DATE OF BIRTH: _____

RESEMBLANCES

TIME OF BIRTH: _____

MOM   DAD

WEIGHT: _____   HEIGHT: _____

NAME: _____

I HOPE THE BABY GETS:

MOM'S: DAD'S:

_____   _____

_____   _____

_____   _____

Guests

NAME AND RELATIONSHIP TO PARENTS

_____

_____

ADVICE FOR PARENTS

_____

_____

_____

WISHES FOR BABY

_____

_____

_____

Baby Predictions

DATE OF BIRTH: _____

RESEMBLANCES

TIME OF BIRTH: _____

MOM ⭐   DAD ⭐

WEIGHT: _____   HEIGHT: _____

NAME: _____

I HOPE THE BABY GETS:

MOM'S: DAD'S:

_____   _____

_____   _____

_____   _____

Guests

NAME AND RELATIONSHIP TO PARENTS

_____

_____

ADVICE FOR PARENTS

_____

_____

_____

WISHES FOR BABY

_____

_____

_____

Baby Predictions

DATE OF BIRTH: _____

TIME OF BIRTH: _____

RESEMBLANCES

MOM ☆   DAD ☆

WEIGHT: _____   HEIGHT: _____

NAME: _____

I HOPE THE BABY GETS:

MOM'S: DAD'S:

_____   _____

_____   _____

_____   _____

Guests

NAME AND RELATIONSHIP TO PARENTS

ADVICE FOR PARENTS

WISHES FOR BABY

Baby Predictions

DATE OF BIRTH: _____

RESEMBLANCES

TIME OF BIRTH: _____

MOM ⭐ DAD ⭐

WEIGHT: _____ HEIGHT: _____

NAME: _____

I HOPE THE BABY GETS:

MOM'S:

DAD'S:

_____ _____

_____ _____

_____ _____

Guests

NAME AND RELATIONSHIP TO PARENTS

_____

_____

ADVICE FOR PARENTS

_____

_____

WISHES FOR BABY

_____

_____

_____

Baby Predictions

DATE OF BIRTH: _____

RESEMBLANCES

TIME OF BIRTH: _____

MOM ⭐   DAD ⭐

WEIGHT: _____   HEIGHT: _____

NAME: _____

I HOPE THE BABY GETS:

MOM'S: DAD'S:

_____   _____

_____   _____

_____   _____

Guests

NAME AND RELATIONSHIP TO PARENTS

_____

_____

ADVICE FOR PARENTS

_____

_____

_____

WISHES FOR BABY

_____

_____

_____

Baby Predictions

DATE OF BIRTH: _____

RESEMBLANCES

TIME OF BIRTH: _____

MOM ⭐ DAD ⭐

WEIGHT: _____ HEIGHT: _____

NAME: _____

I HOPE THE BABY GETS:

MOM'S: DAD'S:

_____ _____

_____ _____

_____ _____

Guests

NAME AND RELATIONSHIP TO PARENTS

_____

_____

ADVICE FOR PARENTS

_____

_____

_____

WISHES FOR BABY

_____

_____

_____

Baby Predictions

DATE OF BIRTH: _____

RESEMBLANCES

TIME OF BIRTH: _____

MOM   DAD

WEIGHT: _____   HEIGHT: _____

NAME: _____

I HOPE THE BABY GETS:

MOM'S: DAD'S:

_____   _____

_____   _____

_____   _____

Guests

NAME AND RELATIONSHIP TO PARENTS

_____

_____

ADVICE FOR PARENTS

_____

_____

_____

WISHES FOR BABY

_____

_____

_____

Baby Predictions

DATE OF BIRTH: _____

TIME OF BIRTH: _____

RESEMBLANCES

MOM ⭐ DAD ⭐

WEIGHT: _____

HEIGHT: _____

NAME: _____

I HOPE THE BABY GETS:

MOM'S:

DAD'S:

_____

_____

_____

_____

_____

_____

Guests

NAME AND RELATIONSHIP TO PARENTS

_____

_____

ADVICE FOR PARENTS

_____

_____

_____

WISHES FOR BABY

_____

_____

_____

Baby Predictions

DATE OF BIRTH: _____

TIME OF BIRTH: _____

WEIGHT: _____

NAME: _____

RESEMBLANCES

MOM   DAD

HEIGHT: _____

I HOPE THE BABY GETS:

MOM'S: DAD'S:

_____   _____

_____   _____

_____   _____

Guests

NAME AND RELATIONSHIP TO PARENTS

_____

_____

ADVICE FOR PARENTS

_____

_____

_____

WISHES FOR BABY

_____

_____

_____

Baby Predictions

DATE OF BIRTH: _____

RESEMBLANCES

TIME OF BIRTH: _____

MOM   DAD

WEIGHT: _____   HEIGHT: _____

NAME: _____

I HOPE THE BABY GETS:

MOM'S: DAD'S:

_____   _____

_____   _____

_____   _____

Guests

NAME AND RELATIONSHIP TO PARENTS

_____

_____

ADVICE FOR PARENTS

_____

_____

_____

WISHES FOR BABY

_____

_____

_____

Baby Predictions

DATE OF BIRTH: _____

TIME OF BIRTH: _____

RESEMBLANCES

MOM   DAD

WEIGHT: _____   HEIGHT: _____

NAME: _____

I HOPE THE BABY GETS:

MOM'S: DAD'S:

_____   _____

_____   _____

_____   _____

Guests

NAME AND RELATIONSHIP TO PARENTS

_____

_____

ADVICE FOR PARENTS

_____

_____

WISHES FOR BABY

_____

_____

_____

Baby Predictions

DATE OF BIRTH: _____

TIME OF BIRTH: _____

RESEMBLANCES

MOM   DAD

WEIGHT: _____   HEIGHT: _____

NAME: _____

I HOPE THE BABY GETS:

MOM'S: DAD'S:

_____   _____

_____   _____

_____   _____

Guests

NAME AND RELATIONSHIP TO PARENTS

_____

_____

ADVICE FOR PARENTS

_____

_____

_____

WISHES FOR BABY

_____

_____

_____

Baby Predictions

DATE OF BIRTH: _____

RESEMBLANCES

TIME OF BIRTH: _____

MOM ⭐   DAD ⭐

WEIGHT: _____   HEIGHT: _____

NAME: _____

I HOPE THE BABY GETS:

MOM'S: DAD'S:

_____   _____

_____   _____

_____   _____

Guests

NAME AND RELATIONSHIP TO PARENTS

_____

_____

ADVICE FOR PARENTS

_____

_____

_____

WISHES FOR BABY

_____

_____

_____

Baby Predictions

DATE OF BIRTH:_____

TIME OF BIRTH:_____

RESEMBLANCES

MOM   DAD

WEIGHT:_____   HEIGHT:_____

NAME:_____

I HOPE THE BABY GETS:

MOM'S: DAD'S:

_____   _____

_____   _____

_____   _____

Guests

NAME AND RELATIONSHIP TO PARENTS

_____

_____

ADVICE FOR PARENTS

_____

_____

_____

WISHES FOR BABY

_____

_____

_____

Baby Predictions

DATE OF BIRTH: _____

RESEMBLANCES

TIME OF BIRTH: _____

MOM ⭐ DAD ⭐

WEIGHT: _____

HEIGHT: _____

NAME: _____

I HOPE THE BABY GETS:

MOM'S:

DAD'S:

_____

_____

_____

_____

_____

_____

Guests

NAME AND RELATIONSHIP TO PARENTS

_____

_____

ADVICE FOR PARENTS

_____

_____

_____

WISHES FOR BABY

_____

_____

_____

Baby Predictions

DATE OF BIRTH: _____

RESEMBLANCES

TIME OF BIRTH: _____

MOM   DAD

WEIGHT: _____   HEIGHT: _____

NAME: _____

I HOPE THE BABY GETS:

MOM'S: DAD'S:

_____   _____

_____   _____

_____   _____

Guests

NAME AND RELATIONSHIP TO PARENTS

_____

_____

ADVICE FOR PARENTS

_____

_____

_____

WISHES FOR BABY

_____

_____

_____

Baby Predictions

DATE OF BIRTH:_____

RESEMBLANCES

TIME OF BIRTH:_____

MOM ⭐   DAD ⭐

WEIGHT: _____   HEIGHT: _____

NAME: _____

I HOPE THE BABY GETS:

MOM'S: DAD'S:

_____   _____

_____   _____

_____   _____

Guests

NAME AND RELATIONSHIP TO PARENTS

_____

_____

ADVICE FOR PARENTS

_____

_____

_____

WISHES FOR BABY

_____

_____

_____

Baby Predictions

DATE OF BIRTH: _____

TIME OF BIRTH: _____

RESEMBLANCES

MOM ⭐   DAD ⭐

WEIGHT: _____   HEIGHT: _____

NAME: _____

I HOPE THE BABY GETS:

MOM'S: DAD'S:

_____   _____

_____   _____

_____   _____

Guests

NAME AND RELATIONSHIP TO PARENTS

_____

_____

ADVICE FOR PARENTS

_____

_____

_____

WISHES FOR BABY

_____

_____

_____

Baby Predictions

DATE OF BIRTH: _____

RESEMBLANCES

TIME OF BIRTH: _____

MOM ⭐   DAD ⭐

WEIGHT: _____   HEIGHT: _____

NAME: _____

I HOPE THE BABY GETS:

MOM'S: DAD'S:

_____   _____

_____   _____

_____   _____

Guests

NAME AND RELATIONSHIP TO PARENTS

_____

_____

ADVICE FOR PARENTS

_____

_____

_____

WISHES FOR BABY

_____

_____

_____

Baby Predictions

DATE OF BIRTH: _____

RESEMBLANCES

TIME OF BIRTH: _____

MOM   DAD

WEIGHT: _____   HEIGHT: _____

NAME: _____

I HOPE THE BABY GETS:

MOM'S: DAD'S:

_____   _____

_____   _____

_____   _____

Guests

NAME AND RELATIONSHIP TO PARENTS

_____

_____

ADVICE FOR PARENTS

_____

_____

_____

WISHES FOR BABY

_____

_____

_____

Baby Predictions

DATE OF BIRTH: _____

RESEMBLANCES

TIME OF BIRTH: _____

MOM   DAD

WEIGHT: _____   HEIGHT: _____

NAME: _____

I HOPE THE BABY GETS:

MOM'S: DAD'S:

_____   _____

_____   _____

_____   _____

Guests

NAME AND RELATIONSHIP TO PARENTS

_____

_____

ADVICE FOR PARENTS

_____

_____

_____

WISHES FOR BABY

_____

_____

_____

Baby Predictions

DATE OF BIRTH: _____

RESEMBLANCES

TIME OF BIRTH: _____

MOM   DAD

WEIGHT: _____   HEIGHT: _____

NAME: _____

I HOPE THE BABY GETS:

MOM'S: DAD'S:

_____   _____

_____   _____

_____   _____

Guests

NAME AND RELATIONSHIP TO PARENTS

_____

_____

ADVICE FOR PARENTS

_____

_____

_____

WISHES FOR BABY

_____

_____

_____

Baby Predictions

DATE OF BIRTH: _____

RESEMBLANCES

TIME OF BIRTH: _____

MOM ☆   DAD ☆

WEIGHT: _____   HEIGHT: _____

NAME: _____

I HOPE THE BABY GETS:

MOM'S: DAD'S:

_____   _____

_____   _____

_____   _____

Guests

NAME AND RELATIONSHIP TO PARENTS

_____

_____

ADVICE FOR PARENTS

_____

_____

_____

WISHES FOR BABY

_____

_____

_____

Baby Predictions

DATE OF BIRTH: _____

RESEMBLANCES

TIME OF BIRTH: _____

MOM ⭐   DAD ⭐

WEIGHT: _____   HEIGHT: _____

NAME: _____

I HOPE THE BABY GETS:

MOM'S: DAD'S:

_____   _____

_____   _____

_____   _____

-Gift Log-

GIFT RECIEVED	GIVEN BY:

-Gift Log-

GIFT RECIEVED	GIVEN BY:

-Gift Log-

GIFT RECIEVED	GIVEN BY:

-Gift Log-

GIFT RECIEVED	GIVEN BY:

-Gift Log-

GIFT RECIEVED	GIVEN BY:

Made in the USA
Monee, IL
16 September 2022

14087455R00062